O conhecimento científico

O conhecimento científico
Claudemir Roque Tossato

FILOSOFIAS: O PRAZER DO PENSAR
Coleção dirigida por
Marilena Chaui e Juvenal Savian Filho

São Paulo 2013

*Copyright © 2013, Editora WMF Martins Fontes Ltda.,
São Paulo, para a presente edição.*

1ª edição 2013

Edição de texto
Juvenal Savian Filho
Acompanhamento editorial
Helena Guimarães Bittencourt
Revisões gráficas
Letícia Braun
Solange Martins
Edição de arte
Katia Harumi Terasaka
Produção gráfica
Geraldo Alves
Paginação
Moacir Katsumi Matsusaki

Dados Internacionais de Catalogação na Publicação (CIP)
(Câmara Brasileira do Livro, SP, Brasil)

Tossato, Claudemir Roque
 O conhecimento científico / Claudemir Roque Tossato. – São Paulo : Editora WMF Martins Fontes, 2013. – (Filosofias : o prazer do pensar / dirigida por Marilena Chaui e Juvenal Savian Filho)

 ISBN 978-85-7827-724-6

 1. Ciência – Filosofia 2. Teoria do conhecimento I. Chaui, Marilena. II. Savian Filho, Juvenal. III. Título. IV. Série.

13-07702 CDD-121

Índices para catálogo sistemático:
 1. Conhecimento científico : Filosofia 121

Todos os direitos desta edição reservados à
Editora WMF Martins Fontes Ltda.
Rua Prof. Laerte Ramos de Carvalho, 133 01325.030 São Paulo SP Brasil
Tel. (11) 3293.8150 Fax (11) 3101.1042
e-mail: info@wmfmartinsfontes.com.br http://www.wmfmartinsfontes.com.br

SUMÁRIO

Apresentação • 7
Introdução • 9

1. A explicação científica • 17
2. A linguagem científica • 25
3. Leis e teorias • 31
4. Pequena história do desenvolvimento do conhecimento científico • 40
5. Conclusão • 45

Ouvindo os textos • 49
Exercitando a reflexão • 54
Dicas de viagem • 57
Leituras recomendadas • 59

APRESENTAÇÃO
Marilena Chaui e Juvenal Savian Filho

O exercício do pensamento é algo muito prazeroso, e é com essa convicção que convidamos você a viajar conosco pelas reflexões de cada um dos volumes da coleção *Filosofias: o prazer do pensar*.

Atualmente, fala-se sempre que os exercícios físicos dão muito prazer. Quando o corpo está bem treinado, ele não apenas se sente bem com os exercícios, mas tem necessidade de continuar a repeti-los sempre. Nossa experiência é a mesma com o pensamento: uma vez habituados a refletir, nossa mente tem prazer em exercitar-se e quer expandir-se sempre mais. E com a vantagem de que o pensamento não é apenas uma atividade mental, mas envolve também o corpo. É o ser humano inteiro que reflete e tem o prazer do pensamento!

Essa é a experiência que desejamos partilhar com nossos leitores. Cada um dos volumes desta coleção foi concebido para auxiliá-lo a exercitar o seu pensar. Os temas foram cuidadosamente selecionados para abordar os tópicos mais importantes da reflexão filosófica atual, sempre conectados com a história do pensamento.

Assim, a coleção destina-se tanto àqueles que desejam iniciar-se nos caminhos das diferentes filosofias como àqueles que já estão habituados a eles e querem continuar o exercício da reflexão. E falamos de "filosofias", no plural, pois não há apenas uma forma de pensamento. Pelo contrário, há um caleidoscópio de cores filosóficas muito diferentes e intensas.

Ao mesmo tempo, esses volumes são também um material rico para o uso de professores e estudantes de Filosofia, pois estão inteiramente de acordo com as orientações curriculares do Ministério da Educação para o Ensino Médio e com as expectativas dos cursos básicos de Filosofia para as faculdades brasileiras. Os autores são especialistas reconhecidos em suas áreas, criativos e perspicazes, inteiramente preparados para os objetivos dessa viagem pelo país multifacetado das filosofias.

Seja bem-vindo e boa viagem!

INTRODUÇÃO
Conhecimento e confiança

Poucas pessoas negarão hoje o papel fundamental que a ciência tem em nossas vidas. Junto com a tecnologia, a ciência é responsável em grande parte pela maneira na qual vivemos. Ela não apenas influencia as nossas vidas, mas faz que fiquemos dependentes de seus conhecimentos. Utilizamos automóveis, computadores, geladeiras, internet e outros recursos. Temos uma Medicina que, na maioria das vezes, resolve problemas de saúde e que é responsável principalmente pelo uso de medicamentos e procedimentos de tratamento, pelo prolongamento da nossa expectativa de vida. Alongamos as nossas fronteiras do conhecido, tanto para o mundo macro, com o uso de telescópios cada vez mais potentes, como para o mundo micro, com a utilização dos microscópios. Além dessas coisas, a economia é dependente das mudanças científicas e tecnológicas. Enfim, a ciência é importante para as nossas vidas. Assim, é legítima a pergunta: como a ciência conseguiu essa amplitude? Ou, como o conhecimento científico chegou a desenvolver um saber que influencia as nossas vidas?

O objetivo deste livro é simples. Pretende apresentar, em linhas introdutórias, o que significa conhecimento científico. Linhas introdutórias porque muitos aspectos do conhecimento científico não serão apresentados, e muitos problemas, que normalmente são debatidos pelos cientistas e filósofos da ciência, não serão discutidos. A intenção deste trabalho é dar uma visão inicial sobre as principais características da maneira de elaborar o conhecimento expresso pela ciência.

Inicialmente, diremos de modo geral que o conhecimento científico é uma maneira de falar sobre o mundo natural ou social; procura dizer como ele é e como podemos agir nele. Contudo, outras maneiras de conhecimento também procuram falar sobre o mundo, como o conhecimento religioso e o artístico. Assim, é preciso caracterizar o conhecimento científico. Nesse sentido, é importante apresentar os aspectos que o tornam um tipo específico de conhecimento.

O conhecimento científico tem uma característica básica – embora não a única – que é muito importante tanto para a própria ciência como para as nossas vidas: a de fazer previsões (na verdade o termo é "predição", mas vamos utilizar, por enquanto, "previsões" para deixar mais intuitivo o tratamento do tema). Isso quer dizer que o conhecimento científico procura "adiantar o futuro", para que nós, a partir desse conhecimento do futuro, possamos agir no mundo. Adiantar o futuro é determinar certas ocorrências (certos fatos ou processos) que poderão ocorrer, e essa determinação obtém-se por meio de um conjunto de conhecimentos já estabelecidos.

Não é difícil compreender a importância das previsões científicas em nossas vidas. Por exemplo, se alguém procura um médico para diagnosticar um problema de saúde que porventura possa ter, esse alguém espera que o médico domine uma gama de conhecimentos provindos principalmente da Medicina, da Biologia, mas também de outras áreas, e que esse profissional da saúde diga o problema e os meios para a cura. Para tanto, esse médico deverá entender, a partir do diagnóstico feito, o possível problema e as medidas adequadas para corrigi-lo; deverá ter noções das consequências que a doença pode ocasionar no corpo do paciente e o tratamento que deverá ser administrado para a cura. Outro exemplo de previsões é dado quando da construção de uma ponte, de um edifício etc. O engenheiro responsável pela tarefa também deverá dominar uma gama de conhecimentos oriundos principalmente da Engenharia e da Física – tais como os conhecimentos dados pelo estudo sobre a resistência de materiais –, para que a ponte, o edifício ou qualquer que seja a construção futura apresente boa qualidade. Muitos outros exemplos podem ser listados, mas a ideia central é que o conhecimento científico é uma ferramenta muito útil para prevermos o futuro, possibilitando a nossa ação no mundo.

Mas muitas outras maneiras de conhecimento também procuram fazer previsões, procuram "adiantar o futuro". Por exemplo, as previsões feitas pelo conhecimento profético. Assim, temos uma questão: qual a diferença fundamental entre o conhecimento científico e o conhecimento profético? Analisemos um exemplo possível. De tempos em tempos, lemos nos jornais ou livros ou assistimos pelos nossos televisores o anúncio do fim do mundo (seja lá o que esse fim signifique), dado ou pela colisão de um asteroide ou um cometa sobre a Terra, ou pela mudança do eixo de rotação da Terra, ou por grandes maremotos, terremotos ou qualquer outra catástrofe digna dos filmes de Hollywood. Por outro lado, é possível – ainda bem que isso nunca aconteceu –, um astrônomo de renome ou uma comunidade astronômica conceituada, como a Nasa, comunicar para a população mundial que um asteroide colidirá com a Terra em um tempo e lugar determinados, o que acarretará em catástrofes por todo o nosso planeta, levando, finalmente, após um grande período de fome e ruína, ao desaparecimento da espécie humana.

Mas quais as diferenças entre essa maneira de fazer previsões e a maneira profética? Para começar, diremos que as previsões tanto proféticas como científicas são lógica e fisicamente possíveis, isto é, nada impede que tanto uma como outra aconteçam. Contudo, o que temos com esses dois exemplos são previsões feitas por procedimentos distintos de obtenção de conhecimento. Além disso, o que marca o conhecimento científico é a sua respeitabilidade. Analisemos os dois exemplos.

Sobre a previsão profética acerca do fim do mundo, pode-se dizer que ela já foi feita muitas vezes. Em outras palavras, muitas previsões sobre o "fim do mundo" foram feitas ao longo da História – e certamente continuarão a ser feitas até que o mundo acabe mesmo. Mas nenhuma delas aconteceu até hoje, pelo menos para mim, pois, enquanto estou escrevendo este texto, tenho consciência de que o mundo ainda existe. E, se você estiver lendo este texto, também pode acreditar que o mundo ainda existe. Em relação à previsão do astrônomo ou da comunidade astronômica, pode-se dizer que ela nunca ocorreu, a não ser nos livros e filmes de ficção científica; e, se algum dia vier a ocorrer, cumprindo de fato o estipulado, poderemos ter muito boas razões para acreditar no fim do mundo.

Analisando, contudo, a confiança das pessoas em previsões sobre cada um desses conhecimentos, pode-se dizer com certo grau de segurança que o conhecimento profético faz recorrentemente previsões catastróficas, às quais muitas pessoas não dão crédito – a não ser pequenos grupos que se alojam em algum lugar distante das cidades, nas montanhas, esperando o "fim do mundo", ou outras pessoas que enxergam boas oportunidades financeiras com a notícia do fim do mundo. Por outro lado, se o conhecimento científico obtido pelos astrônomos sobre a colisão de um asteroide com a Terra for noticiado, acredito que a maior parte da população mundial entrará em desespero. Imagine o que você faria se escutasse no jornal da noite que foi previsto pela Nasa o choque de um grande asteroide no Brasil. Em outras palavras, as previsões feitas pelo conhecimento profético não têm o mesmo grau de credibilidade dado pelas pessoas em relação ao conhecimento científico. É nesse sentido que a ciência torna-se importante para a nossa sociedade; suas previsões têm, na grande maioria das vezes, confiabilidade.

As previsões do conhecimento científico determinam a confiabilidade da ciência. Mas outra questão surge: por que as previsões são feitas na grande maioria das vezes? É a resposta a essa questão que caracterizará o tipo de conhecimento elaborado pela ciência. E é isto que será tratado no restante deste livro.

Em linhas gerais, o conhecimento científico procura, como dissemos, boas predições, por exemplo, aquelas referentes à ocorrência de eclipses, e boas explicações, como as razões que levam ao surgimentos de eclipses. Para tanto, alguns elementos são indispensáveis, embora não sejam os únicos: são a linguagem científica, as leis e as teorias.

Trataremos nos capítulos seguintes desses temas. Inicialmente, no primeiro capítulo, será discutida a noção de explicação científica, mostrando em que aspectos ela adquire possibilidades de tratar o conhecimento de modo organizado. No segundo capítulo, abordaremos a linguagem científica, voltada fundamentalmente para determinar conceitos que tratam dos fenômenos estudados pela ciência. Um aspecto fundamental para o conhecimento científico são as leis e as teorias, assunto do terceiro capítulo. Finalmente, no quarto capítulo, serão apresentadas as principais etapas históricas do conhecimento científico.

1. A explicação científica

Um dos grandes objetivos da ciência, juntamente com a previsão de que falamos na introdução, é obter explicações para os fenômenos científicos. Mas o que é uma explicação científica? Para compreendê-la um pouco, vamos associá-la à forma de explicações que utilizamos cotidianamente.

Em nossa vida cotidiana, damos muitas explicações. Explicamos por que fizemos ou não fizemos tal coisa; explicamos por que achamos tal ou tal coisa. Se alguém, por exemplo, perguntar por que você não compareceu a um compromisso agendado, você poderá justificar-se, dizendo que estava com dor de cabeça. Ou seja, foi dada uma justificativa ou uma razão para determinada ação, a de não comparecer a um compromisso. Se lhe perguntarem se você gosta de ver televisão ou se prefere escutar rádio, você poderá justificar sua preferência tanto por um como pelo outro, ou pelos dois. Em outras palavras, explicações para a nossa vida cotidiana são justificativas, razões dadas para determinadas ações, omissões ou opiniões.

No conhecimento científico a base explicativa é a mesma utilizada nas explicações dadas no dia a dia, mas o que muda é o caráter da explicação. Nossas explicações diárias não têm necessariamente a preocupação com a objetividade; elas podem ser, e são na maioria das vezes, subjetivas, pessoais; dependem fundamentalmente da nossa concepção sobre o mundo, isto é, da nossa maneira de compreender as coisas. As explicações científicas, por outro lado, têm a preocupação com a objetividade, mesmo que essas explicações não consigam alcançar plenamente essa meta; ou seja, o pensamento científico não procura explicações que satisfaçam os anseios pessoais ou de grupos isolados, mas procura representar a realidade do mundo.

Qual a distinção, portanto, que pode ser posta entre uma explicação comum, usada sem compromisso científico, e uma explicação orientada cientificamente? Utilizemos um exemplo para tentar esclarecer essa questão: por que a água ferve? Se alguém colocar um pouco de água em uma chaleira e aquecer a chaleira no fogo produzido por um fogão, notará, após alguns instantes, que a água ferveu, e essa percepção será dada pela água borbulhando na chaleira. A explicação que se pode dar sem compromisso científico é que a água ferve porque são produzidas borbulhas. Mas, para o conhecimento científico, essa explicação não serve – e não que ela esteja errada – porque ela não se apresenta suficiente nem necessária.

Para o conhecimento científico, a explicação deve ter mais critérios. Qual a explicação dada nas aulas de ciência para a água contida na chaleira ferver? Em linhas gerais, a explicação é dada pelo processo de vaporização, quando as moléculas da água, sofrendo a ação do aumento de temperatura e de pressão, acabam por se movimentar rapidamente no interior da chaleira. Mas o que nos interessa com esse exemplo é saber qual o caráter dessa explicação orientada cientificamente.

Nota-se que a explicação científica para o fenômeno da água fervendo, descrita acima, utiliza termos como "molécula" (sobre os termos utilizados na ciência, falaremos um pouco no próximo capítulo) e processos como o descrito pela vaporização. Ora, esses dois aspectos não procuram expressar visões pessoais sobre o mundo: o termo molécula e o processo de vaporização não têm como função satisfazer nem as minhas nem as suas idiossincrasias. O que eles fazem é uma tentativa de explicação científica.

Ao longo da História, muitos pensadores tentaram esclarecer o que significa explicar cientificamente. Já na Antiguidade. Por exemplo, Aristóteles (367-322 a.C.) dizia que explicar é determinar as causas de um fenômeno, que, para ele, eram quatro: a causa material, a causa eficiente, a causa formal e a causa final. Mais recentemente, o filósofo eslovaco Ernest Nagel (1901-1985) considerou que o desejo humano de fornecer explicações é o que originou a ciência. E essas explicações devem ser sistemáticas e controláveis pela experiência.

Em termos gerais, uma explicação científica deve ser sistemática, demonstrável e controlável empiricamente. Deve ser sistemática porque o conhecimento científico tem de ser organizado, isto é, deve ser possível esclarecer, do mais simples para o mais complexo, como os fenômenos, naturais ou sociais, ocorrem. Demonstrável, porque devemos dar as razões necessárias que fazem os fenômenos ocorrerem. E controlável empiricamente porque uma explicação científica deve passar, e, se necessário, ser revisada, pelas informações dadas pela experiência.

O filósofo alemão Carl Hempel (1905-1997) foi quem elaborou um dos sistemas explicativos mais importantes para a ciência, chamado de "modelo nomológico dedutivo" ("nomológico" provém da palavra grega *nómos*, que significa "lei" ou "regra"). Segundo esse modelo, deve-se esclarecer a relação lógica entre o fenômeno a ser explicado e as razões, ou seja, as explicações para a ocorrência desse fenômeno. Vamos utilizar um exemplo, apresentado pelo filósofo inglês Alan Chalmers (1939-), em sua obra *O que é ciência afinal?*, sobre a explicação do fenômeno do arco-íris, utilizando o modelo de Hempel.

Para explicar cientificamente o surgimento do arco-íris no céu (que é um fenômeno da natureza e que deve ser explicado cientificamente), necessitamos de leis gerais, como as leis da óptica da reflexão e da refração (acerca das leis, falaremos algo no capítulo 3). Além disso, são necessárias também certas condições próprias do fenômeno a ser explicado, chamadas de "condições iniciais". Essas condições dizem respeito à posição do Sol em relação ao observador na Terra e ao fato de que gotas de chuva estão caindo de uma nuvem situada em uma região relativamente próxima ao observador. Tendo essas informações disponíveis, é possível deduzir o fenômeno do arco-íris. A explicação é dada porque um raio de luz passa pelas gotas de chuva provindas da nuvem; aplicando a lei da refração, entende-se que a luz vermelha do raio se deslocará para uma posição e a luz azul do raio para outra; aplicando a lei da reflexão para os dois raios, dir-se-á que o raio vermelho será refletido para uma direção e o raio azul para outra; novamente esses raios serão refratados, e o observador, olhando para as gotas de chuva, verá os componentes vermelho e azul e as cores intermediárias da luz branca.

O que se pode notar com essa explicação é que o pensamento científico procura demonstrar como obteve seus conhecimentos, fornecendo elementos para a aceitabilidade ou não dos enunciados científicos e de suas teorias.

Segundo o filósofo norte-americano Alex Rosenberg (1946-), o esquema geral para o modelo nomológico dedutivo de Hempel é o seguinte:

1. A explicação deve ser um argumento dedutivo válido.
2. As premissas explicativas devem conter pelo menos uma lei necessária para a conclusão.
3. As premissas explicativas devem ser empiricamente testáveis.
4. Os enunciados nas premissas explicativas devem ser verdadeiros.

Esse esquema de Hempel é um argumento lógico dedutivo. Isto é, as relações entre as premissas, entendidas como as justificativas em um argumento, e a conclusão, entendida como aquilo que é justificado, devem ser obtidas por necessidade lógica. Em linhas gerais, a necessidade se dá porque seria impossível a conclusão não ocorrer, dadas as premissas. Em outras palavras, a necessidade lógica diz que, se as premissas são verdadeiras, a conclusão será necessariamente verdadeira.

Note o seguinte exemplo: se afirmo que "todas as pessoas que nasceram em São Paulo são brasileiras" (premissa) e que "João nasceu em São Paulo" (premissa), então é logicamente necessário que "João seja brasileiro" (conclusão). O modelo explicativo dado por Hempel segue essa estrutura. É a aceitabilidade da verdade das premissas (leis, teorias e condições iniciais) que conduzirá necessariamente à explicação do fenômeno.

Em suma, podemos caracterizar a ciência como um ramo do conhecimento humano que procura obter explicações sistemáticas a respeito dos fenômenos naturais ou humanos, e tais explicações devem ser elaboradas em forma de enunciados gerais (leis), que são frutos do relacionamento lógico entre outros enunciados (hipóteses, leis experimentais, leis teóricas, axiomas etc.). As explicações também devem ser controladas (testadas) pelas experiências e testes, que determinam se uma explicação é condizente ou não com os fatos, verificando-a ou refutando-a.

2. A linguagem científica

Utilizar a nossa língua mãe, o português, é um exercício diário. A nossa comunicação com as pessoas é realizada, em sua maior parte, pela fala e pela escrita. Sabemos, na maioria das vezes, o que significam as palavras e temos uma razoável noção do emprego da gramática que serve para ordenar com coerência o que falamos e escutamos, ou escrevemos e lemos. Não temos dificuldade para entender a seguinte frase: "amanhã fará um dia ensolarado". Sabemos os significados das palavras e as funções gramaticais que elas ocupam na frase.

Se, contudo, a língua portuguesa permite a comunicação razoável para os nossos afazeres diários, a linguagem científica não tem essa mesma "simplicidade". Os cientistas procuram comunicar-se da maneira mais precisa e menos ambígua possível, e, também, procuram usar uma linguagem que expresse coerência lógica, mesmo que não o consigam algumas vezes – ou, talvez, muitas vezes. Para tanto, a linguagem na ciência deve elaborar um quadro conceitual rígido e ordenado que permita a comunicação entre os seus falantes. Dito de outra maneira, a linguagem corrente é imprecisa em relação à lógica e aos significados das palavras, ocasionando muitas contradições. A linguagem científica, justamente porque tenta eliminar as ambiguidades para ter uma comunicabilidade mais eficiente, aproxima-se mais da objetividade.

Um ponto importante sobre a linguagem científica é que ela, segundo o historiador italiano Paolo Rossi (1923-2012), distingue-se do pensamento mágico por ser pública, e não privada. Para Rossi, o pensamento mágico do período renascentista não esclarece como chegou ao seu conhecimento; nem os seus termos são claros o suficiente para o entendimento das pessoas comuns. Assim, a linguagem do pensamento mágico é privada; apenas os especialistas, os mágicos, teriam acesso ao conhecimento. Segundo Rossi, o conhecimento científico elaborado a partir do século XVI tem como característica fundamental tornar públicas suas teses e procedimentos. A linguagem utilizada pela ciência, mesmo que seja difícil, tem o caráter de ser acessível para qualquer pessoa. Isso é fácil de entender; basta observar os conhecimentos de Física, Química, História etc. que são dados nos currículos escolares, pois, apesar de implicarem esforço – isto é, estudo – de compreensão, eles não têm o caráter de "conhecimento secreto", mas são conhecimentos a que qualquer pessoa pode ter acesso.

Para compreendermos a linguagem científica, é preciso entender as funções dos seus termos no interior dos enunciados e os objetivos a que eles visam.

2.1. Enunciados e termos científicos

O movimento filosófico chamado de *positivismo lógico*, que teve sua atuação principal na primeira metade do século XX, tratou detidamente da questão da linguagem na ciência. Para compreender o que esse movimento entende por termos científicos, temos de, inicialmente, entender a noção de "enunciado". Um enunciado é uma frase gramaticalmente bem formulada, escrita na forma declarativa, tal como a frase

"A casa de Joãozinho é verde". A característica básica dessa frase é que ela contém um valor de verdade, isto é, se a casa de Joãozinho for de fato verde, bastando para comprová-lo apenas observar a casa, o enunciado é verdadeiro; se a casa não for pintada de verde, o enunciado é falso. Da mesma forma, o enunciado "O Brasil faz divisa com o Chile" tem um valor de verdade, no caso, falso.

O positivismo lógico procurou sistematizar o conjunto dos enunciados, dividindo-os em enunciados observacionais e teóricos. Dividiu também os termos que fazem parte desses enunciados em termos observacionais e termos teóricos. Termo observacional é aquele que se refere a coisas observáveis, como "mesa", "mesa quadrada", "estátua", "orangotangos". Termos teóricos não são observáveis, tais como "massa", "força", "campo magnético", "entropia", "inconsciente". Os termos teóricos pertencem a uma teoria, da qual falaremos um pouco no próximo capítulo.

Os termos compõem os enunciados. Um enunciado observacional é aquele que pode ser obtido por observações, por exemplo, "Todas as baleias são mamíferos". O valor de verdade desse enunciado é dado pelas observações de baleias e pela comprovação ou não (por meio dessas observações) de que as baleias são de fato mamíferos. Um enunciado teórico é aquele que contém termos teóricos e que não podem ser observados diretamente por inspeção, tal como "os átomos contêm elétrons". Um enunciado também pode ter termos observacionais e teóricos, como "A matéria contém átomos" (átomo é um termo teórico).

Outro aspecto importante sobre a linguagem científica, como já dissemos, é a procura de objetividade e precisão, o que alicerça o uso da Matemática em ciência.

2.2. Linguagem e Matemática

Todos que fizeram cursos básicos de Física na escola devem ter notado que os problemas físicos utilizam muita Matemática. Por exemplo, para estudar o fenômeno físico do movimento uniformemente variado, que simplesmente é o movimento no qual a velocidade varia de modo uniforme durante o tempo de movimento, é preciso compreender uma série de símbolos e equações matemáticos. Normalmente, os manuais ou apostilas preparatórias para o vestibular não informam sobre a importância da Matemática para as ciências não matemáticas; a Matemática, muitas vezes, fica apenas como um empecilho para o aluno.

É, contudo, sinal da Física elaborada a partir da Modernidade (séculos XVI a XVIII) o grande emprego da Matemática para a compreensão dos fenômenos da Natureza. O uso da Matemática na linguagem científica, ou aquilo que muitos denominam "processo de matematização da Natureza", permite uma espécie de objetividade e maior precisão na predição dos fenômenos.

Dessa maneira, a linguagem científica após a Modernidade estruturou-se "matematicamente", isto é, a Matemática passou a ser utilizada como uma grande ferramenta para alcançar os objetivos da ciência: a objetividade e a mensuração de seus fenômenos. Obviamente, algumas ciências, como a Física, a Química e partes da Biologia utilizam mais a linguagem matemática simbólica do que outras ciências, como a História. Isso é devido, em grande parte, às características de cada ciência. Mas, de qualquer forma, a linguagem matemática é extremamente importante para o conhecimento científico.

3. Leis e teorias

Um dos principais instrumentos da ciência para auferir conhecimentos é a capacidade de organizar as informações colhidas. Essa tarefa é feita para a obtenção das explicações dos fenômenos do mundo natural e social e, também, para elaborar predições cada vez mais precisas sobre os fenômenos científicos. Para tanto, a ciência deve criar uma linguagem elaborada, como vimos no capítulo anterior, e organizar seus conhecimentos em leis e teorias. Passaremos a discutir neste capítulo o que são leis e teorias para o conhecimento científico.

3.1. Leis científicas

Todos nós sabemos intuitivamente o que é uma lei. Pelo menos sabemos em linhas gerais o que são as leis jurídicas. Ao consultarmos um bom dicionário da língua portuguesa, lemos que "lei" significa, entre outras acepções, "regra categórica" ou "regra, prescrição escrita que emana da autoridade soberana de dada sociedade e impõe a todos os indivíduos a obrigação de submeter-se a ela sob pena de sanções". Em outras palavras, se não seguirmos as leis impostas pela nossa sociedade, teremos de responder judicialmente pelos nossos atos. Portanto, as leis jurídicas têm a função de coibição.

Mas o que são as leis científicas? Elas têm o mesmo caráter das leis jurídicas? São as leis científicas imposições das autoridades para que ajamos de uma maneira ou de outra? Pensemos em uma lei científica, por exemplo, a lei de Boyle, segundo a qual a pressão de um gás, à temperatura constante, é inversamente proporcional ao seu volume. Essa lei não parece uma regra ou uma coibição imposta pelos costumes de uma sociedade, e, se não a aceitarmos, não estaremos sujeitos às penalizações jurídicas, mas poderemos estar sujeitos às penalizações físicas e químicas.

Se prestarmos atenção à lei de Boyle, notaremos alguns aspectos importantes. Em primeiro lugar, o estipulado pela lei vale para qualquer gás. As leis científicas utilizam palavras como "todo", "sempre" etc. (ou a palavra "se", em um enunciado condicional), indicando que uma lei científica é aplicável para qualquer situação, seja passada, seja presente, seja futura. Uma lei procura, portanto, a universalidade e a necessidade (apesar de que algumas leis científicas não satisfazem esses critérios, sendo então chamadas de "leis probabilísticas").

Uma lei científica, nesse sentido, não se refere a um caso específico que satisfaça certas condições, mas se aplica a todos os casos possíveis que satisfaçam essas condições. Isso é fácil de entender. Uma lei científica procura, em termos gerais, expressar as regularidades que ocorrem no mundo. Por exemplo, a primeira lei de Kepler afirma que os planetas giram em torno do Sol com movimentos elípticos. A regularidade em questão é o fato de as órbitas planetárias serem elípticas. Um outro exemplo é dado pela lei de que "a água é um condutor de eletricidade"; a lei não fala apenas da água que corre pela torneira da pia de sua cozinha ou da minha, mas de qualquer água, de um rio, do mar etc. Como o mundo contém certas regularidades, as leis científicas têm como objetivo expressar essas regularidades.

Outro aspecto importante das leis científicas é que elas relacionam componentes de um fenômeno científico. No caso da segunda lei de Kepler, que afirma que um planeta percorre áreas iguais em tempos iguais, estão relacionados quatro componentes: o primeiro são os tempos de percurso de um planeta em relação ao centro de movimento, o Sol; o segundo, as áreas percorridas pelo planeta em seu trajeto ao redor do Sol; o terceiro, que não aparece na formulação da lei, as variações das distâncias do planeta ao Sol; e o quarto, que também não aparece, são as variações de velocidade. As relações são as seguintes: um planeta terá velocidade maior (percorrerá uma área a, em um tempo t) conforme estiver mais próximo do Sol (menor distância), e velocidade menor (percorrendo a mesma área a no tempo t) quando estiver mais afastado do Sol (maior distância).

Segundo o filósofo francês Pierre Duhem (1861--1916), uma lei científica é tradução dos fenômenos para uma linguagem quantitativa. Segundo um exemplo que ele nos fornece, a palavra "quente" é uma noção física que será representada pela palavra "temperatura". A noção de quente é somente perceptiva e sujeita a controvérsias; a palavra "temperatura", por outro lado, permite a medição do fenômeno. A tradução da palavra quente para temperatura abre a possibilidade para a formulação de uma lei científica, como a "água ferve, de acordo com certas condições atmosféricas, a 100 graus Celsius".

Como dissemos, as leis científicas são, em sua grande maioria, universais. Elas procuram, como dizia Hempel, uma conexão uniforme entre diferentes fenômenos empíricos ou entre diferentes aspectos de um fenômeno empírico. É um enunciado de que, onde e quando ocorrem condições de uma espécie determinada F, então, sempre, e sem exceção, ocorrerão certas condições de outra espécie G. Contudo, elas não são simples generalizações universais. Conforme o exemplo dado por Hempel, "todas as rochas nesta caixa contêm ferro" é um enunciado universal e verdadeiro (porque se refere a todas as rochas contidas na caixa), mas não é uma lei (porque não se refere a todas as rochas existentes), e sim algo que acontece por acaso, sem o caráter de necessidade; é uma generalização acidental.

As leis científicas podem ser observacionais, como no caso que vimos agora, e teóricas, que se incorporam à noção de "teoria", como veremos a seguir.

3.2. Teorias

Um dos principais aspectos das teorias científicas é explicar e predizer fenômenos da Natureza.

Carl Hempel, como já dissemos, foi um dos principais filósofos da ciência que se preocuparam com as teorias científicas. Ele caracterizou o processo de teorização da seguinte maneira: inicialmente, temos os fenômenos, por exemplo, a queda de um corpo, a ação de um medicamento etc.; em seguida, temos a elaboração de leis empíricas que expressam certas uniformidades (regularidades) subjacentes a tais fenômenos. A função da teoria é explicar essas regularidades e fornecer um entendimento do fenômeno. Para tanto, é necessária a elaboração de entidades e processos teóricos que são subjacentes aos fenômenos, descritos como leis teóricas; a teoria procurará determinar novas previsões. Um dos aspectos da explicação teórica é que os termos teóricos, que são inobserváveis (como "elétron", por exemplo), adquirem significados quando têm uma teoria à qual pertençam (como, no caso do elétron, a teoria atômica da matéria).

Vamos utilizar um exemplo para compreender o que é uma explicação científica.

Todos já estudaram no Ensino Médio a teoria da gravitação universal de Newton. O que a teoria diz? Ela afirma que matéria atrai matéria na ação direta de suas massas e no inverso do quadrado de suas distâncias. Pois bem, o que ela significa? O que ela está tentando expressar?

Em primeiro lugar, a teoria newtoniana procura explicar e predizer fenômenos. Quais fenômenos? Tanto os fenômenos celestes, tais como os movimentos dos planetas em torno do Sol, quanto os movimentos aqui na Terra, como a maçã que caiu na cabeça de Newton (se é que ela caiu; mas, se caiu, a teoria serve; e, se uma maçã cair na minha cabeça ou na sua, também servirá).

Em segundo lugar, a gravitação faz parte de um conjunto de leis, como as três leis dos movimentos de Newton. Segundo Hempel, a teoria da gravitação de Newton é uma boa teoria porque satisfaz três requisitos: em

37

primeiro lugar, ela fornece uma interpretação sistemática sobre diversos fenômenos, tais como a queda dos corpos, os movimentos pendulares simples e os movimentos dos corpos celestes; em segundo lugar, a teoria newtoniana mostra-nos que as leis empíricas não são exatas e não são as únicas – as leis de Kepler só valem aproximadamente, apenas para a relação entre dois corpos (Sol e planeta), ao passo que a teoria de Newton explica as leis de Kepler e mostram que elas são casos especiais da gravitação, porque a gravitação implica mais de dois corpos, como o Sol, a Terra e um outro planeta que aja gravitacionalmente sobre a Terra; em terceiro lugar, a teoria aprofunda a nossa compreensão sobre o movimento ao predizer e explicar novos fenômenos.

Em suma, uma teoria científica tem o caráter de alicerçar as explicações e predições de fenômenos científicos.

3.3. Relação entre o que vemos e o que não vemos

A ciência utiliza certos termos que não observamos, os termos teóricos, como "elétron", por exemplo.

Mas como admitir esse termo? Como aquilo que não vemos liga-se, com boas razões, àquilo que vemos? Hempel admite dois tipos de princípios para dar conta desse problema. O primeiro são os princípios internos de uma teoria, são os princípios teóricos, tal como o elétron de que estamos falando. O segundo é o princípio de transposição, que tem a função de unir os princípios internos, que não observamos, com o mundo, que observamos. O que importa é que o princípio de transposição permite que, admitindo-se os princípios internos, possam ser levantadas hipóteses que indiquem medições. A transposição são medições para o plano macro.

4. Pequena história do desenvolvimento do conhecimento científico

O desenvolvimento do conhecimento científico tem uma história. Não apenas uma história das conquistas científicas e técnicas, das teorias e instrumentos construídos pelo engenho humano, mas também uma história sobre o modo como o conhecimento científico vai se modificando até tornar-se uma área sofisticada e com muitos resultados. Em linhas gerais, é comum – mas essa não é a única maneira de fazê-lo – caracterizar três etapas para o desenvolvimento do conhecimento obtido pela ciência.

Tivemos um primeiro grande momento com o desenvolvimento da compreensão do conhecimento científico entre os antigos gregos. A ciência grega foi muito importante em Astronomia, Matemática (especialmente em Geometria) e Medicina. A Geometria forneceu, principalmente com Euclides (330-260 a.C.), um modelo dedutivo que foi extremamente importante para o desenvolvimento do conhecimento. Aristóteles foi o primeiro pensador que sistematizou o conhecimento científico por meio de seu trabalho *Segundos analíticos* (os *Primeiros analíticos* tratam da teoria lógica de Aristóteles, chamada de silogismo e formada em torno de intuições filosóficas muito próximas do que apresentamos no Capítulo 1, ao falar do modelo nomológico de Hempel e da relação entre as premissas e conclusões). Os gregos viam o mundo, contudo, de maneira distinta dos pensadores da Modernidade. A principal diferença é que os cientistas gregos não se preocuparam com aquilo que é uma marca fundamental da ciência moderna e contemporânea, a linguagem matematizada. Para os gregos, não havia sentido "matematizar" a natureza. Matemática e mundo – exceto, em alguns aspectos, o mundo celeste – não eram relacionáveis para eles, pois não seriam de mesma natureza. Por isso, a ciência grega é chamada de "qualitativa"; nela prevalece a identificação de qualidades dos fenômenos naturais.

Um segundo grande momento do pensamento científico ocorreu no período da Modernidade, durante os séculos XVI a XVIII, chamado por muitos autores de Revolução Científica. Esse movimento teve como ponto de partida a publicação de *As revoluções dos orbes celestes*, em 1543, obra escrita por Nicolau Copérnico (1473-1543) – que propõe que a Terra é um planeta girando ao redor do Sol e que este é o centro do sistema de movimentos planetários –, e culmina com os trabalhos de Isaac Newton (1642-1727) sobre a gravitação universal, expostos principalmente na obra *Princípios matemáticos da filosofia natural*, de 1687.

Dois foram os pontos básicos desse período. O primeiro foi o processo de "matematização da natureza", no qual o mundo natural é entendido como apto a ser matematizado. Não há mais, distintamente do pensamento grego, impossibilidades de aplicar a Matemática aos fenômenos sempre cambiantes do mundo natural. O segundo ponto foi a consideração de que o mundo deve ser entendido pelas informações dadas pela experiência. O conhecimento científico deve, segundo Galileu (1564-1642), partir das experiências, e precisamos compreendê-las por meio da razão. Uma marca desse período é a consideração de que o universo é análogo a instrumentos mecânicos. A Revolução Científica produziu a primeira grande teoria científica, a teoria da gravitação universal de Newton. Essa teoria forneceu ao ser humano, pela primeira vez na História, condições de explicar e predizer com grande precisão fenômenos sobre os movimentos dos corpos, tanto terrestres como celestes.

O terceiro grande momento é marcado por vários fatores. Entre eles, pela Teoria da Relatividade, tanto a restrita, de 1905, como a geral, de 1915, do físico alemão Albert Einstein (1879-1955), e pela Mecânica quântica, desenvolvida por diversos físicos e matemáticos. A grande marca desse período é a "ruptura" com a crença de que o conhecimento científico seja algo "inabalável". O grande modelo de explicação científica, a teoria newtoniana, pôde ser questionado com o surgimento da Teoria da Relatividade. O método indutivo, tão prestigiado desde a Modernidade, foi criticado, e uma série de procedimentos metodológicos distintos da indução foi considerada parte do desenvolvimento científico. A ciência deixa de ser um empreendimento compreendido apenas sob o ponto de vista epistemológico. Muitos autores, fortemente influenciados pelos trabalhos de Thomas Kuhn, nos anos 1960, passam a considerar pontos de vista históricos, sociológicos etc. como fundamentais para a compreensão da questão do desenvolvimento do conhecimento científico.

O leitor certamente observará que, nessa breve apresentação histórica, não se diz nada sobre a Idade Média, período que ficou conhecido como a fase da História em que a ciência não teria vivido nenhum desenvolvimento, mas teria estacionado e se limitado a repetir as conclusões de Aristóteles. Com efeito, os pensadores da Idade Média seguiam a autoridade de Aristóteles, o que, em parte, explica por que se criou a imagem do período como estéril para o conhecimento científico. Entretanto, nas últimas décadas, importantes historiadores da ciência têm mostrado que grande parte das descobertas científicas da Modernidade têm raízes profundas na Idade Média. Não se pode desconsiderar, por exemplo, a adoção de práticas matematizantes já presentes no período (no que se chamava, por exemplo, de Astrologia e que atualmente corresponde ao que chamamos de Astronomia). Os trabalhos de Paolo Rossi, nesse sentido, são exemplares. Isso não diminui, porém, a importância da Modernidade na determinação do rumo tomado pela ciência em nosso tempo.

5. Conclusão

Este pequeno texto forneceu uma visão muito preliminar do que é o conhecimento científico. O enfoque principal é posto em relação à estrutura interna dos objetivos básicos da ciência, a saber, fornecer explicações e predições sobre os fenômenos que podem ser caracterizados como pertencentes ao âmbito da ciência. A ciência obtém "sucesso" no mundo atual porque consegue predizer fenômenos com uma boa margem de segurança. Como se tentou mostrar, a ciência consegue "adiantar o futuro", e essa maneira própria da ciência de fazer predições é o que lhe garante um grau de confiabilidade por grande parte das pessoas, pouco obtido por outras formas de conhecimento.

Três ressalvas devem, contudo, ser postas nesta conclusão. Em primeiro lugar, muitos pontos importantes não foram tratados, tais como o caráter das observações, o papel da experiência e dos experimentos, os métodos utilizados no conhecimento científico e outros pontos interessantes.

Em segundo lugar, as questões tratadas neste livro sobre explicações, linguagem científica, leis, teorias etc. são muito mais complexas do que o que foi apresentado. Todos esses assuntos têm uma gama de diversidades que extrapolaria em muito a sua discussão neste espaço. Por exemplo, as explicações científicas são de diversos tipos; existem as explicações mecânicas, explicações probabilísticas, explicações funcionais ou teleológicas. Da mesma forma, as leis científicas podem ser probabilísticas. A mesma complexidade pode ser posta para a questão das teorias científicas.

Em terceiro lugar, o leitor deve ter em mente que todas as questões discutidas neste trabalho são filosoficamente controversas. O que foi escrito nas páginas anteriores é apenas um apanhado do que é considerado aceito pela tradição. Mas não representa uma "verdade fechada" que não apresentaria motivos para ser questionada.

O trabalho filosófico sobre a ciência questiona muitos dos aspectos sobre a explicação e a predição, teorias, linguagem e outros assuntos. E, de certa forma, isso torna o trabalho filosófico sobre a ciência uma tarefa interessante.

Apenas como um exemplo, a ciência é vista pela maioria das pessoas, e por muitos cientistas e filósofos especializados nas questões filosóficas da ciência, como a melhor expressão da realidade do mundo. As pessoas que acreditam com muito empenho que o conhecimento científico representa a realidade do mundo são chamadas de "realistas". Contudo, existem muitos bons argumentos para aceitar a tese oposta, isto é, a de que a ciência não é a representação da realidade ou, pelo menos, não consegue, por mais que tente, falar da realidade do mundo. O que ela consegue é determinar, com um grau muito bom, um instrumento de cálculo para predizer os fenômenos. Os que não acreditam que a ciência seja o discurso que represente a realidade são denominados "antirrealistas". Só para ilustrar, um realista é aquele que acredita na existência do elétron, enquanto um antirrealista nega que ele necessariamente exista.

Além disso, a ciência não é mais vista como um empreendimento apenas cognitivo, em que os aspectos epistemológicos são suficientes para a sua compreensão. Discutem-se atualmente questões ligadas aos valores que pertencem à prática científica. Em linhas gerais, investigam-se quais são os valores extracognitivos, tais como valores sociais, econômicos e outros, que fazem parte da empreitada científica.

Aquele que se interessa ou vier a se interessar pelo conhecimento científico encontrará uma pequena literatura especializada na seção "Leituras recomendadas".

Terminemos com uma referência ao filósofo Lary Laudan (1941-) e seus colaboradores: a posição que a ciência desfruta em nossa cultura emerge diretamente das teorias científicas e do controle preditivo e manipulador que essas teorias conferem a quem as domina.

O conhecimento científico faz parte de nossa cultura e modo de vida. Compreendê-lo é algo que se tornou imprescindível não apenas para os cientistas, mas para qualquer pessoa interessada em saber como vivemos hoje.

OUVINDO OS TEXTOS

Texto 1. Ernest Nagel (1891-1985), *Os objetivos da ciência*

O desejo de fornecer explicações que sejam ao mesmo tempo sistemáticas e controláveis por elementos de juízo factual é o que dá origem à ciência; é a orientação e classificação do conhecimento acerca da base de princípios explicativos o que constitui o objetivo distinto das ciências. Mais especificamente, as ciências tratam de descobrir e formular em termos gerais as condições nas quais ocorrem eventos de diversos tipos, e as explicações são os enunciados de tais condições determinantes.

> NAGEL, E. *The Structure of Science: Problems in the Logic of Scientific Explanation.* Trad. Claudemir R. Tossato, com base na edição espanhola *La estrutura de la ciencia.* Barcelona: Paidós, 1989, p. 17.

Texto 2. Paolo Rossi (1923-2012), *A importância da linguagem científica*

Deve ser lembrada a tomada de posição comum a todos os expoentes da nova ciência: uma postura favorável ao rigor linguístico e ao caráter não figurativo da terminologia. A mesma tomada de posição coincide com a rejeição, em princípio, de toda distinção entre pessoas simples e pessoas cultas. As teorias devem ser integralmente comunicáveis e as experiências, repetíveis sempre que for preciso.

ROSSI, P. *O nascimento da ciência moderna na Europa.* Trad. Antonio Angonese. Bauru: Edusc, 2001, p. 56.

Texto 3. Pierre Duhem (1861-1916), *Sobre as leis científicas*

Para adquirir uma compreensão do mundo exterior tão completa quanto o permitam nossos meios de conhecer, precisamos escalar sucessivamente dois graus da ciência: precisamos, em primeiro lugar, estudar os fenômenos e estabelecer as leis segundo as quais elas se dão; em segundo lugar, induzir desses fenômenos as propriedades das substâncias que os causam.

> DUHEM, P. "Física e metafísica". Trad. Antonio Marcos de A. Levy. In: *Ciência e Filosofia*, nº 4. São Paulo: FFLCH-USP, 1989, p. 42.

Texto 4. Carl Hempel (1905-1997), *Sobre a teoria científica*

Uma teoria é usualmente introduzida quando um estudo prévio de uma classe de fenômenos revelou um sistema de uniformidades que pode ser expresso em forma de leis empíricas. A teoria procura então explicar essas regularidades e, em geral, proporcionar uma compreensão mais profunda e mais apurada dos fenômenos em questão. Com este fim, interpreta os fenômenos como manifestações de entidades e de processos que estão, por assim dizer, por trás ou por baixo deles e que são governados por leis teóricas características, ou princípios teóricos, que permitem explicar as uniformidades empíricas previamente descobertas e, quase sempre, prever "novas" regularidades.

HEMPEL, C. G. *Filosofia da ciência natural.* Trad. Plinio Sussekind Rocha. Rio de Janeiro: Zahar, 1970, p. 92.

Texto 5. Carl Hempel (1905-1997), *Sobre o princípio de transposição*

Embora sejam os princípios internos de uma teoria formulados em *termos teóricos* característicos ("núcleo", "elétron orbital", "nível energético", "salto quântico"), as implicações verificáveis devem ser expressas em termos (como "vapor de hidrogênio", "espectro de emissão", "comprimento de onda associado a uma raia espectral") que, poderíamos dizer, estejam "de antemão compreendidos", termos que tinham sido introduzidos antes da teoria e possam ser usados independentemente dela. A eles nos referiremos como *termos de antemão disponíveis* ou *termos pré-teóricos.* A derivação dessas implicações verificáveis a partir dos princípios internos da teoria requer evidentemente premissas adicionais que correlacionem os dois conjuntos de conceitos; esse é o papel desempenhado pelos princípios de transposição (correlacionando, por exemplo, a energia liberada num salto de elétron com o comprimento de onda de luz emitida como resultado).

HEMPEL, C. G. *Filosofia da ciência natural*. Trad. Plinio Sussekind Rocha. Rio de Janeiro: Zahar, 1970, p. 97.

EXERCITANDO A REFLEXÃO

1. Analisando os textos:

1.1. Leia o texto 1 e procure refletir sobre os objetivos da ciência. Tente responder às seguintes questões: Em que sentido a ciência é uma preocupação organizada? Qual a diferença entre uma explicação corriqueira e uma explicação científica? Quais elementos você acha importantes para que se tenha uma explicação científica?

1.2. Segundo o texto 2, por que não se podem linguisticamente fazer distinções entre pessoas simples e pessoas cultas?

1.3. Argumente sobre o porquê de, no texto 3, Pierre Duhem dizer que precisamos conhecer os fenômenos da Natureza e estabelecer as leis segundo as quais elas se dão. Em que sentido as leis podem auxiliar no conhecimento do mundo exterior?

1.4. Pela leitura do texto 4, que quadro você montaria para compreender o papel de uma teoria? As teorias se diferem em que sentidos das observações?

1.5. Leia atentamente o texto 5 e tente compreender por que o princípio de transposição é importante para os princípios internos.

2. Questões livres para você refletir:

2.1. Tente refletir sobre as distinções entre esses três campos de conhecimento: o religioso, o artístico e o científico.

2.2. Reflita sobre a seguinte afirmação: "É possível explicar os fenômenos científicos apenas com observações." Ela é correta em sua opinião? Argumente.

2.3. Faça uma lista com motivos que fazem a linguagem corrente, o português, ser ambígua, mas que fazem a linguagem matemática ser objetiva.

2.4. Você considera a ciência importante para a sua vida? Justifique.

2.5. Você considera o trabalho de um cientista isento de qualquer compromisso com a sociedade?

DICAS DE VIAGEM

Algumas sugestões para você continuar a sua viagem pelo tema do conhecimento científico:

1. Sugestões de filmes e documentários:
   1.1. *2001: uma odisseia no espaço* (*2001: a Space Odyssey*), direção de Stanley Kubrick, EUA, 1968.
   1.2. *Cartesius*, direção de Roberto Rossellini, Itália, 1974. No Brasil, disponível em DVD com o título *Descartes*.
   1.3. *Frankenstein*, direção de James Whale, 1931, EUA.
   1.4. *A ilha do Dr. Moreau* (*The Island of Dr. Moreau*), direção de John Frankenheimer, EUA, 1996.
   1.5. *Galileu. A batalha pelo céu* (*Galileo's: Battle for the Heavens*). Scientific American Brasil. Direção de Peter Jones (documentário).

1.6. *Origens da vida* (*The Shape of Life*), National Geographic, EUA, 2005, 4 DVDs (documentário).

1.7. *Fronteiras da Física. O universo elegante* (*The Elegant Universe*). Scientific American Brasil. 2 DVDs (documentário).

2. Existem muitos *sites* que abordam a ciência e o conhecimento científico. Sugerimos os seguintes:

2.1. *Associação Filosófica Scientiae Studia*: www.scientiaestudia.org.br

Você encontrará temas ligados à ciência, tecnologia, história da ciência e questões sociológicas envolvendo o conhecimento científico.

2.2. Filosofia e História da Ciência da UFABC. Blogue do professor Valter A. Bezerra: filosofiadacienciaufabc.wordpress.com/category/filosofia-da-ciencia

Esse blogue contém muitas informações interessantes sobre ciência e filosofia da ciência. Você poderá acessar muitos artigos clássicos sobre filosofia da ciência.

2.3. *Site* do professor Osvaldo Pessoa Júnior (USP): http://www.fflch.usp.br/opessoa

Também com muitas informações e textos sobre ciência e filosofia da ciência.

LEITURAS RECOMENDADAS

CHALMERS, A. F. *O que é ciência afinal?* Trad. Raul Fiker. São Paulo: Brasiliense, 2001.
Texto introdutório sobre filosofia da ciência. O autor apresenta de maneira acessível aspectos importantes sobre as metodologias científicas.

DUHEM, P. "Física e metafísica". In: *Ciência e Filosofia*, nº 4. Trad. Antonio Marcos de A. Levy. São Paulo: FFLCH-USP, 1989, pp. 41-59.
Texto de um dos principais autores sobre ciência.

DUTRA, L. H. *Introdução à teoria da ciência.* Florianópolis: UFSC, 2003.
Livro bem interessante sobre aspectos centrais da filosofia da ciência.

FRENCH, S. *Ciência, conceitos-chave em filosofia.* Trad. André Klaudat. São Paulo: Artmed, 2009.
Uma obra inicial que aborda questões sobre a descoberta científica, a justificação de teorias e questões filosóficas, como o realismo e o antirrealismo.

GALILEU, G. *Diálogo sobre os dois máximos sistemas do mundo, ptolomaico e copernicano*. Trad. Pablo R. Mariconda. São Paulo: Discurso, 2001.

Obra de um dos principais autores da Revolução Científica. Aborda a defesa do copernicanismo. Interessantes também são as notas elaboradas pelo tradutor; elas fornecem informações importantes sobre a ciência de Galileu.

GRANT, E. *Os fundamentos da ciência moderna na Idade Média*. Trad. Carlos Grifo Babo. Porto: Porto Editora, 2004.

O autor, que é renomado pesquisador em história da ciência, defende nessa obra que os alicerces da ciência moderna foram lançados na Idade Média, muito antes da Revolução Científica dos séculos XVI-XVII, principalmente pela apropriação e reelaboração da filosofia natural de Aristóteles e pela criação das universidades, que transpuseram o espírito da cristandade para o ensino secular.

HEMPEL, C. G. *Filosofia da ciência natural*. Trad. Plinio Sussekind Rocha. Rio de Janeiro: Zahar, 1970.

Obra central para as questões tratadas neste livro. O autor apresenta de maneira clara aspectos científicos importantes, tais como linguagem, leis e teorias. Leitura recomendada para quem se interessar pela estrutura do conhecimento científico.

LACEY, H. M. *Valores e atividade científica.* Trad. M. B. Oliveira *et alii.* São Paulo: Associação Filosófica Scientiae Studia/Editora 34, 2008, vol. 1.

O autor trata de questões ligadas aos aspectos internos e externos da atividade científica. Argumenta que existem momentos em que a ciência não é neutra, pois existem valores sociais que influenciam a prática científica.

LAUDAN, L. *et alii.* "Mudança científica: modelos filosóficos e pesquisa histórica". In: *Estudos Avançados* 7, 19, 1993, pp. 7-89.

Texto interessante sobre as metodologias científicas.

MORGENBESSER, S. (org.). *Filosofia da ciência.* Trad. L. Hegenberg e O. S. da Mota. São Paulo: Cultrix, 1967.

Coletânea de textos sobre estrutura da ciência. Importante obra, pois reúne textos clássicos, de autores como Nagel e Hempel, entre outros. Apresentam-se pontos importantes sobre leis, teorias e explicação científica.

PATY, M. *A Física do século XX.* Trad. M. A. Correa-Paty *et alii.* Aparecida: Ideias & Letras, 2009.

Livro interessante sobre os desenvolvimentos da Física no século XX.

ROSENBERG, A. *Introdução à filosofia da ciência*. Trad. Rogério Bettoni. São Paulo: Loyola, 2009.
Uma obra útil sobre problemas da filosofia da ciência.
ROSSI, P. *O nascimento da ciência moderna na Europa*. Bauru: Edusc, 2001.
O livro aborda aspectos centrais da ciência elaborada do século XVI ao XVIII.

IMPRESSÃO E ACABAMENTO
YANGRAF
GRÁFICA E EDITORA LTDA.
WWW.YANGRAF.COM.BR
(11) 2095-7722